新・はたらく犬とかかわる人たち❸

はたらく犬と訓練士・ボランティア

あすなろ書房

はじめに

みなさんは、このシリーズのタイトルを見て、なにを感じましたか。「はたらく犬って、なに？」「訓練士って？」ではないでしょうか。

「盲導犬」「聴導犬」「介助犬」や「警察犬」「災害救助犬」といった言葉を聞いたことがあるでしょう。

いま、いろいろな犬たちが、さまざまな場面で、いっしょうけんめいはたらいていますよ。こうした犬たちを訓練するのが訓練士さんです。

このシリーズは、次の3巻に分けて、はたらく犬たちと、訓練士さんほか、犬にかかわる人たちについて、みなさんといっしょに見ていこうと思ってつくりました。

❶ 福祉でがんばる！　盲導犬・聴導犬・介助犬
❷ 捜査・探査でかつやく！　警察犬・災害救助犬・探知犬
❸ はたらく犬と訓練士・ボランティア

ところで、みなさんはこの意見についてどう思いますか。
「わたしは盲導犬をつえのかわりとしてつかっている」
きっとみなさんのなかには、「犬を道具のようにあつかうなんてひどい」と感じる人がいるのではないでしょうか。

でも、目の見えない人たちは、盲導犬に道案内をしてもらっているのではありませんよ。盲導犬、聴導犬、介助犬としてはたらく犬たちは、家族のようなものだという話をよく聞きますね。また、警察犬や災害救助犬も、それらの訓練士さんにとっては家族のようだといいます。

犬に対する人の愛情は、犬の赤ちゃん時代からはじまります。人に愛情たっぷりに育てられた犬は、りっぱな盲導犬や警察犬になっていくといいます。

さあ、このシリーズを読んで、はたらく犬たちについて、より深く理解してください。そして、犬と人との関係についても、よく考えてみてください。

子どもジャーナリスト　稲葉茂勝
Journalist for children

もくじ

はたらく犬たちを育てる訓練士 … ④

ボランティアでかかわる … ⑦

盲導犬育成にかかわるボランティア … ⑩

盲導犬訓練士 … ⑫

聴導犬訓練士 … ⑱

介助犬訓練士 … ㉒

警察犬訓練士 … ㉖

災害救助犬訓練士 … ㉘

調べてみよう！／さくいん … 32

はたらく犬たちを育てる 訓練士

盲導犬や聴導犬、介助犬＊、そして警察犬や災害救助犬など、いろいろな場面ではたらく犬たちを訓練する人が、犬の訓練士さんです。

犬の訓練士はどういう人？

「○○訓練士」とよばれる人には、次のような種類があります。

盲導犬訓練士（→p12）

聴導犬訓練士（→p18）

介助犬訓練士（→p22）

警察犬訓練士（→p26）

災害救助犬訓練士（→p28）

これらの犬の訓練士さんたちは、みんな犬が大好きです。心から犬を愛する気持ちがあります。そして、犬とコミュニケーションできる力をもっています。犬とともに社会のために役立ちたいと考えています。みなさん、とてもやりがいのある仕事だといいます。

＊これらの福祉の分野ではたらく犬を「身体障害者補助犬（補助犬）」という。くわしくは1巻参照。

犬の訓練士とは？

補助犬や警察犬の訓練は、とてもたいへん。どの犬の訓練士も、それぞれに専門的な知識と技術、経験が必要です。一方、ふつうの家で飼われる犬に対しては、訓練はそれほどたいへんではありません。それでも、犬のしつけを専門的におこなう「家庭犬訓練士」とよばれる訓練士さんがかつやくしています。

基本の3つのマナー
- 決まった場所でトイレをする
- むだぼえをしない
- 人にかみつかない

たいせつなトイレのマナー

どんな犬でも、子犬のときに最初に必要なしつけは、トイレです。犬を飼う人は、まず、犬のトイレのサインを見のがさないようにすることが重要です。下は、犬のトイレのサインと、その場合の人の対応の例です。

本来、こうした訓練は、飼い主がしなければなりませんが、うまくいかない場合、家庭犬訓練士がかわりに訓練することがあります。

1 犬がそわそわしながら、クンクンとにおいをかぎはじめる。

2 飼い主は、「オシッコ？」「ウンチ？」と犬に聞きながら、決められたトイレの場所にだきあげて連れていったり、導いたりする。

3 犬がオシッコやウンチをするまで、根気よく待つ。しないで外へ出てきたら、トイレにもどす。

4 オシッコやウンチをしているあいだ、「オシッコね」「ウンチね」などと話しかけて、その言葉を犬におぼえさせる。

5 ちゃんとできたらトイレから出して、思いきりほめる。

プラス1 食事のマナー

ぎょうぎのよい犬の基本は、飼い主が「ヨシ」と指示するまで食べないこと。また、食べ物を食器から出して食べないこと。

犬に「スワレ」と指示し、犬の前に食べ物を置いて、「マテ」と指示する。マテができたら、人さし指で食器をさして、「ヨシ」と許可を出す。

犬の訓練士になるのはたいへん！

　訓練士をめざす人は、たいていは、訓練士の専門学校や養成学校で学びます。その後、訓練士になるまでのあいだ、見習い訓練士として警察犬訓練所などに住みこみではたらいたり、ボランティアで訓練所ではたらいたりして経験をつみます。

　また、補助犬の訓練士になるには、福祉関係の勉強をして、多くの知識を学びます。そうして補助犬の育成団体に職員として採用されて、はじめて訓練士になることができます。ただし、団体の職員の募集は少ないので、訓練士はせまき門だといわれています。

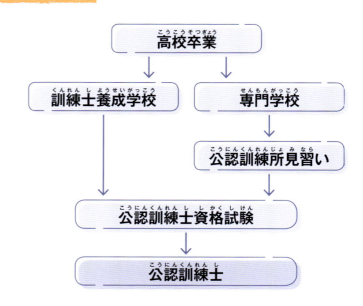

日本盲導犬協会の訓練士さんたち。

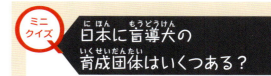

ミニクイズ　日本に盲導犬の育成団体はいくつある？

Ⓐ 11団体　Ⓑ 15団体　Ⓒ 20団体

答え：Ⓐ

盲導犬の育成は、視覚障がい者を援護するためのものなので、厚生労働省が管轄している。また、盲導犬は道路交通法に定める犬であるため、育成団体は国家公安委員会の指定を受ける必要がある。現在、指定盲導犬育成団体は全国に11団体ある（→p13）。

きみは訓練士に向いている？

　犬の訓練士になるには、犬好きであることはもちろんですが、体力や忍耐力なども必要。また、失敗したりなやんだりしながら、状況に応じて訓練していける柔軟な考え方が必要です。下は、訓練士に向いている人かどうかをためす10のチェック項目です。

- ☐ 大きさや種類に関係なくどんな犬も好き。
- ☐ 他人の犬も自分の犬と同じように愛せる。
- ☐ からだを動かすことが好き。
- ☐ 決断力がある。
- ☐ 人に「ありがとう」といわれる仕事がしたい。
- ☐ 人と話すことが好き。
- ☐ 新しいことにチャレンジすることが好き。
- ☐ 好きなことを仕事にしたい。
- ☐ 一度決めたことは最後までやりきる。
- ☐ 相談できる友だちがいる。

※10のうち8以上あてはまれば訓練士に向いているとされている。

資料：日本ドッグトレーナー協会（JDTA）

ボランティアでかかわる

犬の訓練士にならなくても、はたらく犬にかかわる方法があります。
たとえば、子犬を約1年間育てる「子犬の飼育ボランティア」や、
犬といっしょに老人ホームや児童施設を訪問する「訪問活動ボランティア」です。

子犬の飼育ボランティア

「子犬の飼育ボランティア」とは、犬を生後2か月くらいのときに家庭であずかって、家族の一員として1歳まで育てるボランティアのことです。「パピーウォーカー」とよばれることもあります。

補助犬は、障がい者といっしょにまちなかを歩きます。まちにはあらゆる障害物があって、歩行のじゃまをします。補助犬としての訓練をはじめる前に、子犬は、そうしたさまざまな障害物や、人ごみや電車の音、また、雨や風、雪を経験をする必要があります。

これは子犬の「社会化」とよび、補助犬に育てるために、非常に重要なことです。社会化の過程で、犬は人に対する親しみと信頼感をもち、将来、障がい者との生活をスムーズに送れるようになります。

パピーウォーカー不足

パピーウォーカーを広めようとしている団体はいくつかあります。どこの団体もパピーウォーカーの重要性をうったえ、より多くの人にパピーウォーカーになってもらおうと、さまざまな活動をしています。ところが、残念ながら、パピーウォーカー不足はなかなか解消されず、補助犬自体も足りていません。

生後2か月であずかった子犬を愛情たっぷりに育てたあと、約1年でわかれなければならないという現実も、パピーウォーカー不足の原因だといいます。

プラス1 「パピーウォーカー」とは

「子犬を散歩させる人」という意味の「パピーウォーカー（puppy walker）」という言葉は、もともと盲導犬の飼育を手伝う人をあらわす言葉だった。いまでは聴導犬や介助犬などの飼育ボランティアにもつかわれるようになった。

子犬の飼育ボランティアをするには？

盲導犬の子犬の飼育ボランティアをするには、なにか条件があるでしょうか。

育成団体によってことなりますが、日本盲導犬協会では次のような条件がそろっている必要があります。

- 室内で犬を飼うことができる。
- るすにする時間が少ない。
- 訓練センターの近くに住んでいて、自動車をもっている。
- 現在犬を飼っていない。
- 犬のしつけに家族全員が参加する。
- 集合住宅に住んでいる場合、管理側の承諾が得られている。
- 飼育中のエサや消耗品、日常の治療費（予防注射などをのぞく）を負担できる（月額4000〜5000円ていど）。

ミニクイズ Q 子犬の鳴き方は、なにをあらわしている？

Ⓐ 力強い＜ワン＞

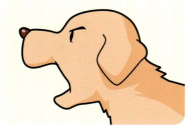

Ⓑ ＜クゥーン＞

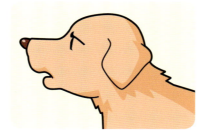

Ⓒ ＜ウー＞といううなり

Ⓓ ＜キャン＞

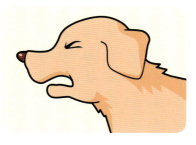

Ⓔ ＜ウォーン＞

① 相手をおどしたり、攻撃するとき。
② 遠ぼえは、野生のなごり。仲間へのよびかけ。
③ 警戒したり、興奮したりしたとき。
④ いたいときやこわいとき。
⑤ さびしいとき。

答え：Ⓐ3 Ⓑ5 Ⓒ1 Ⓓ4 Ⓔ2

子犬の飼育ボランティアをしたい！

盲導犬の子犬の飼育ボランティアをやってみたいという人のために、例として日本盲導犬協会への問いあわせの流れをまとめておきましょう。

問いあわせの流れ

1 日本盲導犬協会の各訓練センターに「飼育ボランティアをしたい」と電話する。

2 登録申しこみ書がとどく。（インターネットからもプリントアウトできる）

3 登録申しこみ書に記入後、協会へ返送する。

4 説明会に参加し、かんたんな面談を受ける。

5 説明を受けたうえで、飼育ボランティアができると思ったら、正式に登録する。

6 子犬委託の連絡がくる。

7 訓練センターで子犬とのくらし方について講義を受ける。

8 委託式の日の連絡がきて、1年間のようすについて説明を受ける。

9 月1回、実際に育てる子犬との接し方や排便方法などの指導を受ける。

飼育ボランティアへのサポートとして、ほめ方、だき方、遊ばせ方など、犬の月齢に応じた飼育指導がおこなわれている。

子犬の飼育ボランティア2つの疑問

子犬の飼育ボランティアに関する質問のうち、代表的なものを2つ見てみましょう。

Q ほかの犬を飼っていたらできないのはなぜ？

A 精神的に安定した盲導犬を育てるためです。子犬の飼育に十分なゆとりと時間をつくって、子犬の成長に適切な環境を整える必要があるからです。

Q 一日のうち5時間くらいるすにするのはだめ？

A 子犬が安心してくらせるように、いつも人がそばにいることがたいせつです。とくにはじめの2か月間は、一日3～4回の食事と1時間おきのトイレのしつけのため、長時間のるすはできません。

盲導犬育成にかかわるボランティア

盲導犬に関係するボランティアには、パピーウォーカーだけでなく、次のボランティアがあります。

繁殖犬飼育ボランティア

繁殖（子犬をうませること）は、基本的に各協会がおこなうが、盲導犬としての資質をもったオスまたはメスの犬を家族の一員としてむかえる。そして、愛情をたっぷり注いでいっしょに生活する。

引退犬飼育ボランティア

「引退犬」とは、盲導犬として約8年間かつやくしたあと引退した10歳前後の盲導犬のこと。「リタイア犬」ともよぶ。引退犬を家族の一員としてむかえ、生あるかぎりいっしょに生活する。

キャリアチェンジ犬飼育ボランティア

訓練をしたが、盲導犬には向いていないと判断された犬を家庭にむかえて育てる。キャリアチェンジ犬は、盲導犬のPR活動を手伝ったり、介助犬としてかつやくすることもある。

訪問活動ボランティア

「訪問活動ボランティア」とは、「訪問活動犬」といっしょに病院や老人ホームや児童施設を訪問して、患者さんやお年より、子どもたちと心を通じあわせたり、やさしくふれあったりするボランティアのことです。訪問活動をする犬のことを「訪問活動犬」といい、犬を指導して訪問活動する人を「ハンドラー」といいます。

ほとんどの人が、ふだんは仕事をしていて、休日にボランティアで活動しています。

犬といっしょに訪問活動開始。

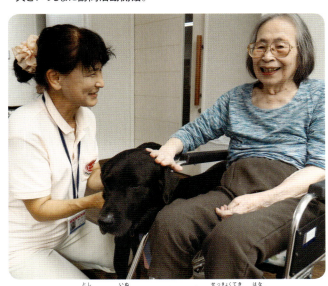
ハンドラーはお年よりが犬とふれあえるように積極的に話しかける。

訪問活動をするには

訪問活動をおこなっている団体はたくさんあります。それぞれの団体が決める基準を満たした犬が訪問活動をおこなっています。

たとえば日本救助犬協会では、認定審査会（年2回実施）に合格して、ハンドラーと犬が研修を終えると、訪問活動犬としてみとめられます。下は、犬といっしょに訪問活動をするまでの流れです。

自分の犬と訪問活動をしてみたいと思う
↓
訪問施設の見学
↓
訪問活動犬認定審査会

審査会では、車いすの人にだっこしてもらうなど、実際の活動と同じような状況で、ハンドラーのいうことをきけるかを確認します。
↓
合格
↓
犬といっしょに研修を受ける

どのように犬を活動させればよいか、お年よりにはどのように話しかけたらよいかなどを学びます。
↓
各種保険への加入・犬の健康診断書の提出
↓
訪問活動開始

1回目：飼い主だけで見学
2回目：犬を連れて見学
↓
犬といっしょに訪問活動開始

盲導犬訓練士

盲導犬訓練士の仕事は、犬を訓練して盲導犬にするだけではありません。
視覚障がいのある人が盲導犬と歩けるようになるのを手伝うといった
だいじな仕事もあります（この仕事をする人を「歩行指導員」ともいう）。

盲導犬訓練士の仕事

盲導犬訓練士は、その名前のとおり盲導犬を訓練する人だと考えられがちです。でも、じつは犬の訓練だけではなく、人の訓練もおこなうのです。盲導犬訓練士の仕事をまとめると、次のとおりです。

犬に対して

盲導犬になるための訓練をする。

犬の食事やトイレなどの
日常生活の世話をする。

人に対して

盲導犬といっしょにくらしたいと
考えている視覚障がい者からの
さまざまな問いあわせに対応する。

盲導犬の体験歩行を希望する
視覚障がい者に対応する。

視覚障がい者が盲導犬といっしょに
歩けるように指導する。

視覚障がい者に
盲導犬をわたしたあとも、
さまざまな相談にこたえたり、
定期的に訪問したりする。

プラス1 「盲導犬」をあらわす英語

アメリカでは、「Seeing Eye dog（シーイング・アイ・ドッグ）」「guide dog（ガイド・ドッグ）」「leader dog（リーダー・ドッグ）」など、いくつかの名称がある。日本では一般的に盲導犬という名称をつかっている。アイメイト協会では、「アイメイト」とよんでいる（→p14）。

はたらく犬と訓練士・ボランティア

盲導犬訓練士になるには

盲導犬は「盲導犬の訓練を目的とする団体で訓練された犬でなければならない」と法律で定められています。このため、盲導犬訓練士になるには、指定されている盲導犬育成団体に入り、研修生として3年間実務を勉強して、知識や訓練技術が水準に達しなければなりません。動物のしつけなどの幅広い専門知識や、視覚障がいそのものについてなど、多方面の知識が必要です。また、視覚障がい者の気持ちを理解できるようになることも重要です。

- 犬の訓練技術と犬に関する知識
- 視覚障がい者と法律に関する知識
- 視覚障がい者の歩行に関する技術と知識
- 盲導犬の歩行指導に関する技術と知識

全国の盲導犬育成団体

- 北海道盲導犬協会
- いばらき盲導犬協会
- 東日本盲導犬協会
- 中部盲導犬協会
- 関西盲導犬協会
- アイメイト協会
- 日本盲導犬協会
- 日本補助犬協会
- 日本ライトハウス
- 兵庫盲導犬協会
- 九州盲導犬協会

○は、日本盲導犬協会の訓練センターのある場所。

プラス1 盲導犬訓練士の平均給与

盲導犬訓練士の平均給与は、経験と実績、能力に応じて、現在25万から30万円くらい。給料はけっしてよくない。そのうえ、どんなに経験と実績を重ねても独立開業はできない。それでも、視覚障がい者やその家族、社会からも感謝される、やりがいのある仕事だという。

盲導犬訓練士にとってたいせつなこと

「盲導犬訓練士は目が見えるけれど、見えない人がつかう盲導犬を訓練する」。これは、盲導犬訓練士にとってたいせつなことです。それは、見える人が身ぶりや手ぶりにたよらず、視覚障がい者を指導していかなければならないからです。訓練士は、手でさわれるものはさわってもらったり、はっきりわかりやすい言葉で説明したりしなければなりません。

ある盲導犬訓練士さんの一日

盲導犬訓練士の仕事は、朝6時半の犬の食事とトイレの世話にはじまり、夜9時の食事とトイレの世話までつづきます。盲導犬訓練士は、毎日いそがしくはたらきます。

6:30～8:00	エサとトイレの世話 ※ここまでの業務は朝当番が担当
9:00	出勤・朝礼・ひきつぎ
9:30	担当する犬の基本訓練、トイレ、ブラッシング、健康チェック、市街地にて歩行訓練
12:30	休憩
13:30	基本訓練、トイレ、市街地にて歩行訓練 ※訓練の合間に事務所で報告書作成、盲導犬使用者やボランティアへの電話連絡、繁殖や訓練報告などの会議
18:00	業務終了 ※これ以後の業務は夜当番の犬舎職員が担当
20:00	エサとトイレの世話、犬舎および排泄グランドの消毒
21:00	終了

プラス1　アイメイトというよび方

アイメイト協会では、盲導犬のことを「アイメイト」とよんでいる。なぜなら、盲導犬というよび名では「利口な犬が盲人を連れて歩いている」と受けとられがちだからだ。実際、犬が自発的に人を「導く」わけはなく、人からの指示を受け、それにしたがって犬が人を誘導する。

アイメイト協会では人と犬の協同作業ではじめて歩行移動できると考え、「私の愛する目の仲間」という意味から「アイメイト」とよんでいる。

訓練の現場を見てみよう

　飼育ボランティアの家庭で愛情いっぱいに育てられた子犬は、盲導犬になるための訓練をしっかりこなしていけるといわれています。次は、盲導犬訓練士がおこなう、犬の訓練のようすです。

❶ 基本訓練

　「シット（スワレ）」「カム（コイ）」「ダウン（フセ）」「ウェイト（マテ）」「ヒール（ツイテ）」など基本的なことを教えます。犬とのコミュニケーションをとって、信頼関係をきずいていくために、毎日おこなう訓練です。たとえば、「（シット）スワレ」の教え方は、次のようにしておこないます。

1
犬の鼻先で、ボールなどのおもちゃを見せる。

2
おもちゃを頭のほうへずらしていく。

3
犬がすわりそうになったら、「シット（スワレ）」という。

4
すわったら「グッド（ヨシ）」といってほめる。

5
犬は、すわる動作が「シット」だとおぼえる。

ミニクイズ 犬がからだにつけている白いベルトは、なに？

Ⓐ 首輪　Ⓑ ハーネス　Ⓒ ステッキ

答え：Ⓑ

　盲導犬がからだにつけている白いベルトを、「ハーネス」という。ハーネスは、視覚障がい者と盲導犬とをつなぐたいせつなきずな。人は、ハーネスから伝わる動きで、犬の気持ちを知ることができるといわれている。ハーネスをつけているときは、盲導犬は仕事中。ハーネスをつけている盲導犬に対し、声をかけたり、なでたり、エサをやったりしてはいけない。上の写真のハーネスについているハンドルは、一般によくつかわれてきたU字型ハンドル。最近は、ハンドルをもつ手への負担が軽い棒状のハンドル（バーハンドル）もつかわれている。

バーハンドル

❷誘導訓練

基本訓練と並行して、ハーネスをつけて訓練所内で、そして実際にまちに出て誘導訓練をします。じゃまなものがあったら、ぶつからずにじょうずによけて通ったりすることを教えます。道がせまくなっているところでも、じょうずに通りぬけられるように訓練します。

- 「チェア」と指示すると、イスの位置を頭の向きでしめすように教える。
- 訓練士がすわると、その足もとにフセをして、おとなしく待つことをおぼえさせる。
- 上り階段は、1段目に前足をのせて止まるように教える。
下り階段は、その直前で止まるように教える。

- 高いところにある障害物を発見して、よけることを教える。

- 人の左側について、道の左はしを歩くように教える。「グッド（ヨシ）」といいながら歩き、犬が人の左側を歩くことが楽しいと感じるように訓練する。

- 看板や自転車、通行人など、通行のじゃまになるものをよけて通るように訓練する。

- 段差があったら、自分の足でふんで、段差があることを犬に教える。犬が立ち止まったら「グッド（ヨシ）」とほめる。

❸交通訓練

犬は信号の色を判断できません。道路を横断する判断は、あくまで人がおこないます。しかし、その命令がまちがっているときもあります。動いている車・バイク・自転車などに対して危険を察知し、犬自身が進むか進まないかを判断できるように訓練します。

❹仕上げのテスト

盲導犬の訓練が終わると、盲導犬訓練士は自らアイマスクをつけて、仕上げのテストをおこないます。基本の動作からはじめ、道を歩く、じゃまなものをよけるなど、犬が訓練したことをしっかり身につけているかどうかを確認するのです。

次いで、担当訓練士ではなく、別の訓練士がアイマスクをして、犬が歩いたことのない場所を歩きます。これは、だれの指示でもきちんとしたがうことができるかを確認するためです。

❺共同訓練

盲導犬訓練士は、仕上げのテストに合格した犬と、盲導犬をつかうことになる人といっしょに約4週間、合宿訓練をおこないます。

❻盲導犬デビュー

これまでの長い訓練の結果、人と犬がいっしょにくらせると訓練士が判断すれば、その犬はようやく盲導犬になることができます。ここではじめて、盲導犬訓練士の仕事がひとまず完了することになります。

盲導犬をわたしてから

盲導犬訓練士は、盲導犬をわたしてからも、自分が訓練した盲導犬のいる家庭を定期的に訪問して、生活や歩行に変化がないかなどを確認します。

視覚障がい者が、引っ越しなどにより、新しい道を通行するようになった場合、その対策を人と犬とに指導します。また、人や犬が病気になったり事故にあったりしたとき、人と犬をサポートするのも盲導犬訓練士の重要な役割です。

聴導犬訓練士

「聴導犬」とは、聴覚障がい者（耳が聞こえない・聞こえにくい人）といっしょに生活して、必要な音を知らせる犬のことです。聴導犬訓練士は、聴導犬を育てるだけでなく、聴覚障がい者の生活をささえます。

聴導犬訓練士の仕事

聴導犬訓練士の仕事は、音を人に知らせるように犬を訓練することです。生活に必要な音というのは、人それぞれでちがいます。下は、その音と人への知らせ方の例です。

聴導犬訓練士は、いっしょにくらす人にとってこの音は必要である、これは不要だと、犬が自分で判断して人に知らせることができるように訓練しなければなりません。

- 目ざまし時計の音に反応して、ふとんの上に乗り、前足でふとんをはがす。
- けいたい電話やメールの着信音に反応して、知らせる。
- やかんの沸騰する音を聞いて知らせる。
- 玄関のドアやチャイムの音が鳴ったら知らせる。
- 赤ちゃんが泣いていることを知らせる。
- 火災報知器の音に反応して知らせる。
- 後ろからくる自転車などの音に反応して知らせる。

聴導犬訓練士になるには

聴導犬訓練士には国家資格は不要ですが、「訓練所で修業する」か「訓練士養成学校へ通う」ことが必要です。訓練士養成学校では、家庭犬のしつけ方法や聴導犬の訓練方法などを学びます。卒業後、訓練所に入所して修業するのが一般的です。

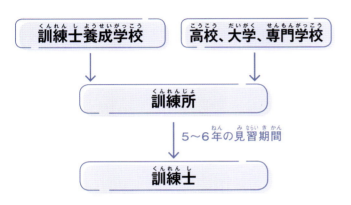

各地にある聴導犬育成団体

日本聴導犬推進協会（埼玉県）

日本聴導犬協会（長野県）

日本補助犬協会（神奈川県）

アース・エンジェル・ドッグ（鹿児島県）

日本で活動している盲導犬は約950頭。
では聴導犬は何頭？

Ⓐ50頭以下　Ⓑ50〜100頭　Ⓒ100頭以上

答え：Ⓑ

日本で聴導犬の訓練がはじまったのは1981年の国際障害者年から。聴導犬の普及、育成をめざしていた日本小動物獣医師会が、1982年、オールドッグセンターの藤井多嘉史さんに訓練を委託。2年後に聴導犬第1号が誕生。まだまだ聴導犬の数は少ない。

ある聴導犬訓練士さんの一日

聴導犬は、生後2〜6か月くらいまでは聴導犬訓練士と24時間生活をともにして、人との生活の基本的なマナーを身につけていきます。これは、犬が「こうしたらいいんだ」と自分で考えて理解できるようにするための重要な訓練です。

下は、夜中の0時から24時間のようすです。

0:00	子犬（生後2〜3か月）のトイレ
3:00	子犬のトイレ
6:00	起床、朝食、子犬のトイレ
8:00	出勤後、まず犬たちのトイレをすませて、エサをあたえる。健康状態のチェック、散歩
9:00	子犬のトイレ、犬の訓練や実技指導、聴導犬に関する講義など
11:30	午後のイベントのため準備
12:00	子犬のトイレ、ほかの犬たちのトイレ、昼食
12:30	講演活動など午後のイベントのために、事務所を出発する。
15:00	出先で子犬のトイレ
16:00	事務所へもどる。
18:00	子犬のトイレ
20:00	夕食
21:00	子犬のトイレ
0:00	就寝。3時間ごとに子犬のトイレでおきる。

訓練の現場を見てみよう

聴導犬の訓練の基本は、なんといっても「スワレ」や「マテ」などの基本の動作。そのうえで、音に反応するための訓練をします。

❶ 音に反応する訓練

犬が音に興味をもてるように、音が好きになるような訓練をします。たとえば、次のようなやり方があります。

1 ファックスなど音の鳴るもののそばに、おやつを置き、犬におやつを見せて、興味を引く。

2 ファックスとおやつから、犬を遠ざける。

3 ファックスの受信音がしたら、犬がファックスのところに向かい、音のしている場所をたしかめる。

❷ 音源に誘導する訓練

必要な音に反応し、音源を確認し、音源まで人を誘導できるように訓練します。たとえば、次のようにします。

1 音を聞いて、犬が訓練士のひざの上などに前足をのせて知らせる。

2 訓練士を音の鳴ったところまで連れていく。

3 訓練士はたくさんほめてやり、犬におやつをあげる。

❸最終訓練

　生後7か月から1歳すぎまでは、乗り物に乗ったり、店やレストランに入ったりするなど、生活するために必要なことを練習します。しだいに反応する音の種類をふやしたり、建物のなかだけでなく、外でも反応できるように訓練します。

❺聴導犬となる

　聴導犬認定試験に合格して、犬は聴導犬として認定されることになります。

❹合同訓練

　実際に犬とくらすようになる聴覚障がい者の家にいって訓練します。犬と人が対面して、相性がよいことがわかれば、いよいよ実際に人が犬に指示をあたえながら、基本動作と聴導動作の訓練をおこないます。

　このとき、いっしょにくらす人に対し、犬の飼育方法や健康管理なども指導します。

❻認定後

　聴導犬といっしょにくらす人が年をとったり、結婚したりして、生活環境がかわると、それにともなって必要な音がかわります。たとえば、結婚して赤ちゃんができたら、赤ちゃんの泣き声に反応するようにあらためて訓練しなければなりません。

　また、万一デパートなどで火災にあってしまったとき、あわててしまうのは人も犬も同じ。聴導犬が警報機などの音を危険を知らせる音であると理解し、人といっしょに避難しなければなりません。

　聴導犬がどんな状況でも落ち着いていられるようにするには、日ごろの訓練がたいせつです。そのために、聴導犬訓練士は犬といっしょにバスや電車に乗ってあちこちへ出かけます。

インターホンの音に反応する訓練

けいたい電話の音に反応する訓練

聴導犬訓練士　21

介助犬訓練士

「介助犬」とは、からだが不自由な人の生活を手助けする犬のこと。
介助を必要とする人にとって犬が役立つように訓練するのが、介助犬訓練士です。

介助犬訓練士の仕事

介助犬は、次のような仕事をします。

- ドアの開け閉めをする。
- けいたい電話をさがして、もってくる。
- げた箱を開けてくつを取りだす。
- 電気をつける。
- 着がえを手伝う。
- 車いすからベッドにうつるとき、くつ下をくわえて、不自由な足をベッドの高さまで引っぱりあげる。
- エレベーターのボタンをおす。
- 車いすを引っぱる。

介助犬訓練士は犬を訓練するだけではなく、人にもよりそう仕事です。障がいのある人のからだの状況を理解し、その人と相談しながら必要とする作業を犬に訓練します。犬がじょうずにできたらほめて、犬が楽しいと感じるように訓練するのが、訓練士のうでの見せどころです。また、犬をよく観察して、介助犬になることがその犬にとって幸せかどうかを判断するのも、訓練士のたいせつな仕事のひとつです。

なお、訓練では、身ぶり・手ぶりではなく、声によって犬に指示を出します。訓練士は、「さあいくよ」などといって歩きはじめたり、「いい子だね〜」などと声をかけたりします。これは、犬に人の言葉に集中させるためです。

はたらく犬と訓練士・ボランティア

介助犬訓練士になるには

介助犬訓練士になるのにとくに資格は必要ありませんが、介助犬育成団体に就職して学んだり、介助犬訓練士をめざすカリキュラムのある専門学校へ通ったりします。学校では、障がい者にかかわる仕事であることから、訓練技術だけでなく、医療・福祉の知識も習得します。

なお、介助犬訓練士の資格は公的なものではありませんが、介助犬育成団体によっては、その団体独自の認定資格や研修生制度をもうけているところがあります。

介助犬についての2つの疑問

介助犬に関する質問のうち、代表的なものを2つ見てみましょう。

Q 飲食店に介助犬はいっしょに入れる？

A 2002年に「身体障害者補助犬法」が成立。これは、店や病院などさまざまな人が利用する施設で障がいのある人が盲導犬、介助犬、聴導犬を同伴するのを受け入れるように義務づける法律。あまり知られていないために、現在はまだ補助犬の入店をいやがる店や施設もありますが、これは法律違反です。補助犬が当たり前に入れるようになることがのぞまれています。

Q 介助犬の訓練につかうのは、日本語？ 英語？

A 盲導犬への指示は英語が多いが、介助犬の指示語は英語と日本語です。動詞は英語で、名詞は日本語でおこなっています。たとえば「テーブルの上のリモコンをわたしのところへもってきて」というときは、Go to テーブル（テーブルへ）→ Up take リモコン（テーブルにアップしてリモコンをくわえる）→ Bring（わたしのところへもってきて）→ Give（わたして）→ Thank you!!（ありがとう）というように、1つひとつの行動を区切ってわかりやすく指示します。

プラス1 介助犬の歴史

介助犬は、1970年代に人と犬の二人三脚という発想から、アメリカで生まれた。その後、イギリス、フランス、カナダなど、ヨーロッパやアメリカ諸国に広がって、現在数千頭がかつやく。アメリカでは現在、数十の団体があり、1000頭以上の介助犬がかつやくしている。日本では、1992年ごろに育成がはじまったばかりで、1995年にやっと介助犬第1号が誕生。現在でも介助犬の数は100頭に満たない。

訓練の現場を見てみよう

　介助犬も、生後2か月から1歳まで飼育ボランティアの家庭で愛情いっぱいに育てられた子犬を訓練します。

❶ 基本訓練

　指示をしたら「すわる」「ふせる」「待つ」「止まる」などの基本動作ができるように訓練します。訓練は、屋内だけではなく、電車やタクシーなどの公共交通機関、映画館やスーパーマーケットなど多くの人が集まる場所でもおこないます。

❷ 介助動作訓練

　からだの不自由な人の日常生活を介助するために必要な動作を訓練します。たとえば、手が不自由な人の場合、スイッチをおす、ドアを開閉するなどの作業を訓練します。その訓練のようすは、次のとおりです。

ボタンやスイッチをおす訓練

犬に「タッチ」といって、
ボードにつけたマグネットにさわらせる。
さわれたら、ほめる。
ボードを上にあげても「タッチ」できるようにし、
できたらほめる。

引っぱる訓練

1. バンダナなどをつかって、引っぱりっこをして遊ぶ。
犬が引っぱったときに、「プル」といい、
放したら「ギブ」という。
こうすることで、犬は「プル」は「引っぱる」、
「ギブ」は「放す」のように、
動作と言葉をむすびつけておぼえる。

2. 「プル（引っぱる）」と「ギブ（放す）」を、
犬に自由にさせるのではなくて、
訓練士の指示があったときにだけ、
引っぱったり、放したりするようにしていく。

3. バンダナを冷蔵庫の取っ手にむすぶ。
「プル（引っぱる）」と指示を出すと、
犬は冷蔵庫にむすびつけたバンダナを引っぱる。
犬にとっては引っぱりっこをすることで、
冷蔵庫を開けられるようになる。

はたらく犬と訓練士・ボランティア

❸ いろいろな介助訓練

着がえ

くつ下をぬがせる訓練。最初はやさしくくわえ、ぬがせるときには、一気に引っぱるように訓練する。

ものを拾う

くわえやすい布などからはじめ、強くかんだときは犬がきらいな音を出すなどして、かみすぎないように教えていく。

ドアの開閉

①立ちあがって補助具に前足をかけてノブをまわし、ドアをおし開ける。

②閉めるときは、ノブにつないだバンダナを口にくわえて引っぱる。

③引き戸の場合も同様に、開閉用の補助具とひもを取りつけ、開ける場合はひもを引っぱる。

④閉める場合は、前足を補助具にかけて前進する。鼻でおして閉めることもある。

新聞をもってくる

「テイク新聞」のかけ声で、新聞をくわえてもってこさせる。人がすぐに受けとれないときはわたさずにもちつづけ、「ギブ」の合図でひざの上に落とす訓練をする。

❹ 合同訓練

最後は介助犬を希望する人といっしょの訓練です。障がいの状況にあわせて、必要な動作の訓練を実際の生活でおこないます。映画館やスーパーマーケットなど、公共施設をいっしょに利用して練習します。また、介助犬を希望する人に犬の飼育・健康管理についての指導をするのも、介助犬訓練士の重要な役割です。

❺ 認定試験

認定試験は、介助犬と介助犬を希望する人がいっしょに受けます。合格したら、犬は、はじめて介助犬とみとめられ、障がいのある人といっしょの生活がはじまります。

❻ 認定後

介助犬訓練士もほかの犬の訓練士と同じく、生活環境の変化などにしたがって、人と犬をささえます。

警察犬訓練士

「警察犬」は、とてもすぐれた嗅覚（においをかぎわける力）をつかって、犯罪捜査でかつやくする犬。そうした犬を育てて訓練するのが警察犬訓練士です。

警察犬訓練士の仕事

警察犬訓練士は、犬に、事件を解決するために役立つ基本動作を教えたり、においをかぎわける訓練やにおいを手がかりに犯人を追いかける訓練をおこないます。犬のしつけや健康管理も、警察犬訓練士の仕事です。そのうえ、警察犬を連れて犯罪現場にもいきます。場合によっては犯人逮捕などの手伝いもします。

警察犬訓練士は、犬と生活をともにしてきずなを深めていきます。とてもたいへんな仕事ですが、犬とともに社会のために役立つという大きなよろこびのある仕事だといいます。

ある警察犬訓練士さんの一日

次は、ある警察犬訓練所における見習い訓練士さんの一日のようすです。

7:00	犬の排便・犬舎のそうじ。犬舎にいた犬は、グラウンドや排便所などに一時待機。そうじが終わったら、犬の名前をよんで犬舎に入れる。
8:00	スタッフ朝食（朝食は交代で食べる）
8:30	犬の運動・基本的な訓練をおこなう。1頭30分くらい時間をかける。
11:00	犬の朝食。基本的な犬のごはんは「ドッグフード」。牛乳や生卵を入れることもある。
12:00	スタッフ昼食・休憩
13:00	犬の訓練。においをかぎわける訓練や犯人を追いかける訓練をする。
17:00	犬の排便・犬舎のそうじ
18:00	犬の夕食
19:00	スタッフ夕食、ミーティングなど。ミーティングでは1頭1頭の体調などを報告する。

はたらく犬と訓練士・ボランティア

警察犬訓練士になるには

直轄犬の訓練士は、国家公務員です。警察官採用試験に合格して「警察官」となり、鑑識課に配属された人が訓練士になります。

嘱託犬の場合は、民間の訓練所に入所して5〜6年勉強して、「公認訓練士」の資格を取得すれば訓練士になれます。

プラス1 直轄犬と嘱託犬

警察犬には、各都道府県の警察が世話をしながら訓練する「直轄犬」と、一般家庭や民間施設が世話をして訓練する「嘱託犬」がいる。嘱託犬は警察の要請を受けて、訓練士とともに事件捜査に出動する。

なお、警察犬訓練士になりたい人は、嘱託犬の訓練士になるほうがいいといわれている。なぜなら、直轄犬の訓練士は公務員のため、警察官採用試験に合格しても、警察犬を訓練する部署に配属されないことも多いからだ。

訓練の現場を見てみよう

❶ 基本動作の訓練

声だけか手の合図だけでもできるようになるまで、訓練します。

スワレ
右手の人さし指を出す。

フセ
右手のてのひらを下に向ける。

マテ
右手のてのひらを出す。

コイ
手をおなかの前で引く。

ツイテ
左手で自分の左ももをたたく。犬の注意を引き、訓練士の左側について犬が歩くようにする。

❷ 本格的な訓練

足あとのにおいを追う

にげている犯人や、行方不明になった人を、においを手がかりに見つけられるように訓練します。

①訓練士が足を地面にこすりつけながら歩き、自分のにおいのついたおもちゃを置く。
②犬に訓練士のにおいをかがせ、足あとのにおいを追わせる。
③犬が、においのついたおもちゃにたどりつけたら、たくさんほめてやる。少しずつ距離をのばし、ジグザグに歩いたり、ちがう人のにおいをつかったりしても、犬がかぎわけて追えるようになるまで訓練する。

においをかぎわける

①訓練士のにおいのついた布を、ほかの人のにおいのついた布といっしょに台に置く。
②犬に、訓練士のにおいをよくかがせる。
③「かいで」などと指示し、訓練士のにおいのついた布をさがさせる。
④犬が訓練士のにおいのついた布をもってきたら、よくほめる。だれのにおいでも、かがせたにおいと同じ布を選べるようになるまで訓練する。

立ち向かう

引っぱりっこの遊びからスタート。はじめはやわらかいもので引っぱりっこをする。じょうずにできたらほめてやり、少しずつかたいものにしていく。最終的には、「おそえ」などの合図でかみついて引っぱりっこをし、「やめ」といったら放すように訓練する。

プラス1 麻薬探知犬の訓練士も国家公務員

麻薬探知犬（→2巻p26）の訓練士は、国家公務員試験に合格した、税関の職員。税関の職員になれたとしても、希望どおり訓練士になれるかどうかはわからない。

災害救助犬訓練士

地震、なだれ、土砂くずれなどの災害が発生したときに、人の救助の手助けをするのが「災害救助犬」。その犬を育成し訓練するのが、災害救助犬訓練士です。
訓練するだけではなく、災害救助犬とともに災害現場へいくこともあります。

災害救助犬訓練士の仕事

犬に捜索活動の基本動作を教えたり、においをかぎわけるなどの訓練をしたり、犬のしつけや健康管理をしたりするのは、警察犬訓練士と同じで、災害救助犬訓練士の仕事です。

ただし、特定のにおいを追いかけるのが警察犬で、空中のにおいをたどるのが災害救助犬だといわれています。いいかえると、警察犬は犯人のにおいをおぼえて追いかけますが、災害救助犬はさがす人のにおいがわからなくても、空中にただよっているにおいのもとをたどっていって、行方不明者をさがすのです。

災害救助犬訓練士のおこなう訓練は、下のように3種類あります。

- 服従訓練：ハンドラーの指示にしたがうように、基本動作の訓練をする。
- 環境訓練：特殊な環境やさまざまな現場で、状況に応じた捜索作業ができるように訓練する。
- 救助訓練：生存者を正確に発見して、発見後にハンドラーへほえて知らせることができるように訓練する。

ハンドラーとは

　犬といっしょに災害地へいって、以下のような危険な現場で活動する人を「ハンドラー」といいます。ハンドラーは、犬に的確な指示を出して、犬を導かなければなりません。

　ハンドラーには、災害救助犬訓練士とは別の人がなることも、災害救助犬訓練士自身がなることもあります。

> 地震などで多くの建物がくずれてしまった現場で、被災者をさがす。

> 雪山で遭難した人や行方不明になった人をさがす。

> 海や湖で遭難したりおぼれたりした人を助ける。

災害救助犬訓練士になるには

　災害救助犬訓練士は、なにか特別な資格がないとなれないわけではありませんが、たいていは、犬の訓練士を養成する学校へ通って勉強します。そのあと、災害救助犬育成訓練所などに入って、経験をつみながら勉強することが多いようです。

訓練の現場を見てみよう

災害救助犬訓練士は、犬に対してやさしいかけ声をかけたり、からだをなでたり、ボールで遊んだりして、犬の捜索意欲を刺激しながら訓練しています。

❶ 服従訓練

「スワレ」「マテ」「フセ」などの基本動作を訓練してから、本格的な訓練がはじまります。基本動作の訓練は、災害現場で犬がハンドラーの指示をきくためのたいせつな訓練です。

❷ さがし方の訓練

ほえる

災害救助犬は動けない人を見つけたら、その場でたくさんほえて、ハンドラーに知らせます。災害救助犬にとって、ほえることはとてもたいせつなことです。

1 おもちゃやおやつを犬に見せる。

2 犬が遊びたがってほえたら、おもちゃで遊ばせる。

3 犬がほえたら「ほえろ」と声をかける。そうすることで、犬はほえることと「ほえろ」の指示をむすびつけることができる。

追いかけっこ

ボールなどをつかって、犬と「追いかけっこ」をします。

1 ハンドラーはボールをもって犬がにおいをかいで追いかけられるように、風上ににげる。それを犬に追いかけさせる。

2 追いかけっこをつづけ、しばらくしたらハンドラーは止まり、うずくまる。

3 犬がワンワンほえたらたくさんほめて、ボールで遊んでやる。犬はうずくまっていたり、動かなかったりする人のところへいけば、遊んでもらえることをおぼえる。

ミニクイズ この訓練は、なにをしているところ？

答え：かくれんぼをしている

災害救助犬のおもな仕事は、「人を見つける」こと。どこにいるかわからない人を見つけだすのが仕事だ。そのために「かくれんぼ」で訓練する。

やり方
①ハンドラーが犬におもちゃを見せたあと、ものかげなどにかくれる。このとき、風上にかくれるようにする。
②犬がハンドラーのにおいをたどってきて、「遊んで」というようにほえつづけたら、出ていってたくさんほめながら、犬と遊ぶ。
③箱や車のなかなど、さまざまな場所で犬とかくれんぼをする。どこにいても見つけてほえることができるようになったら、ハンドラーだけでなく、別の人も同じようにしてかくれる。
④くりかえすうちに、犬はどこでもだれでも、人を見つけてほえることができるようになる。

❸ 環境訓練・救助訓練

まず、災害現場の環境になれる訓練をします。そして、「ほえる」「追いかけっこ」「かくれんぼ」などの訓練を生かして、人のにおいや気配を感じたら、その場でワンワンほえ、ハンドラーに知らせる練習をします。

障害物になれる訓練

災害現場にはさまざまな障害物がある。階段、スロープ、シーソーなどをつかい、不安定な場所になれ、恐怖心を取りのぞくように訓練する。

土砂捜索の訓練

土のなかにうもれた人をさがす訓練。土砂はにおいが出にくいので、訓練を何回もおこない、さがせるようにする。

なだれ捜索の訓練

なだれのおきた雪山で行方不明者を捜索する訓練。雪にうまっていたり、たおれていたりする人に反応できるように訓練する。

指示どおりに動く訓練

はなれた場所からの指示にしたがうようにする訓練。「前へ」の指示で前進。「右」「左」と指示どおりに動くように訓練する。

ガレキ捜索の訓練

たおれたビルと同じような現場をつくって、捜索訓練をする。足場の悪いなかを、においをたよりに捜索する。

水難捜索の訓練

おぼれている人を救助する訓練。うきわなどをおぼれている人のもとへ運び、安全な場所まで引っぱっていく訓練をする。

ホイストの訓練

車で入れないところなどでは、ヘリコプターで救助に向かうときがある。ヘリコプターから降下できるように訓練する。

調べてみよう！

この本にご協力いただいた関係団体のホームページです。
もっとくわしく知りたいときは、ホームページで調べてみましょう。
（補助犬関係団体の連絡先は、1巻p9に紹介しています。）

公益財団法人 日本盲導犬協会	https://www.moudouken.net
公益社団法人 日本聴導犬推進協会	http://www.hearingdogjp.org
社会福祉法人 日本介助犬協会	https://www.s-dog.jp
大井警察犬訓練所	https://www.ohidogschool.com/
特定非営利活動法人 日本救助犬協会	https://www.kinet.or.jp/kyujoken/index.php
特定非営利活動法人 救助犬訓練士協会（RDTA）	http://www.rdta.or.jp

さくいん

あ

アース・エンジェル・ドッグ……19
アイメイト …………………… 12, 14
アイメイト協会 ………… 12, 13, 14
いばらき盲導犬協会 ……………13
引退犬飼育ボランティア …………10

か

介助犬 ……… 4, 7, 10, 22, 23, 24, 25
介助犬訓練士 ………… 4, 22, 23, 25
家庭犬訓練士 …………………… 5
関西盲導犬協会 ……………13
キャリアチェンジ犬飼育ボランティア
…………………………………10
九州盲導犬協会 ……………13
共同訓練 ……………………17
訓練士 ……… 4, 5, 6, 7, 16, 17, 19, 20,
　　　　　　24, 25, 27, 29
警察犬 ………………4, 5, 26, 27
警察犬訓練士 …………4, 26, 27, 28
子犬の飼育ボランティア ……7, 8, 9
合同訓練 …………………… 21, 25
国際障害者年 ……………19

さ

災害救助犬 …………… 4, 28, 30
災害救助犬訓練士 ……4, 28, 29, 30

指定盲導犬育成団体……………6
社会化 ………………………7
嘱託犬 ……………………27
身体障害者補助犬 ⇒ 補助犬
身体障害者補助犬法……………23

た

中部盲導犬協会 ……………13
聴導犬 ……… 4, 7, 18, 19, 20, 21, 23
聴導犬訓練士 ………4, 18, 19, 21
直轄犬 ……………………27
トイレ ………… 5, 9, 12, 14, 19
道路交通法 ………………6

な

日本救助犬協会 ……………11
日本聴導犬協会 ……………19
日本聴導犬推進協会 ……………19
日本補助犬協会 ……………13,19
日本盲導犬協会 ……… 6, 8, 9, 13
日本ライトハウス ……………13

は

ハーネス ……………… 15, 16
パピーウォーカー ……7, 10
繁殖犬飼育ボランティア ……10
ハンドラー ……… 11, 28, 29, 30, 31

東日本盲導犬協会 ……………13
兵庫盲導犬協会 ……………13
藤井多嘉史 ……………19
訪問活動犬 ……………11
訪問活動ボランティア ……11
補助犬 ……………4, 5, 6, 7, 23
北海道盲導犬協会 ……………13
ボランティア……… 6, 7, 10, 11, 14

ま

麻薬探知犬 ……………27
盲導犬 ……… 4, 6, 7, 8, 9, 10,
　　　　12, 13, 14, 15, 17, 19, 23
盲導犬訓練士 …4, 12, 13, 14, 15, 17

32

■編
　こどもくらぶ（石原尚子）

■構成・文
　子どもジャーナリスト　稲葉茂勝

■取材・写真協力
　公益財団法人 日本盲導犬協会
　公益社団法人 日本聴導犬推進協会
　社会福祉法人 日本介助犬協会
　公益財団法人 日本補助犬協会
　大井警察犬訓練所
　特定非営利活動法人 日本救助犬協会
　特定非営利活動法人 救助犬訓練士協会（RDTA）
　村瀬ドッグトレーニングセンター
　東京都総務局総合防災部防災管理課
　ハピネスホーム・ひなぎくの丘
　Fotolia

■イラスト
　荒賀賢二

●装丁・デザイン
　長江知子

●取材
　多川享子

●編集協力
　清水くみこ（クウヤ）

●制作
　（株）エヌ・アンド・エス企画

この本のデータは、2018年9月までに調べたものです。

新・はたらく犬とかかわる人たち③　はたらく犬と訓練士（いぬ）（くんれんし）・ボランティア　　NDC369

| 2018年11月30日 | 初版発行 |
| 2023年10月30日 | 4刷発行 |

　　編　　　こどもくらぶ
　発 行 者　山浦真一
　発 行 所　株式会社あすなろ書房　〒162-0041　東京都新宿区早稲田鶴巻町551-4
　　　　　　電話　03-3203-3350（代表）
　印刷・製本　瞬報社写真印刷株式会社

©2018　Kodomo Kurabu　　　　　　　　　　　　　　　　　　32p／31cm
Printed in Japan　　　　　　　　　　　　　　　　ISBN978-4-7515-2908-9